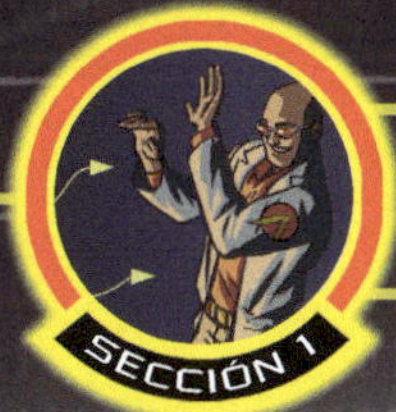

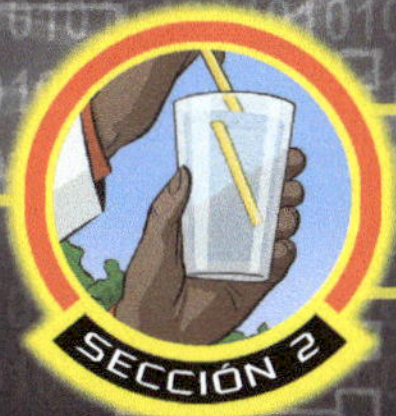

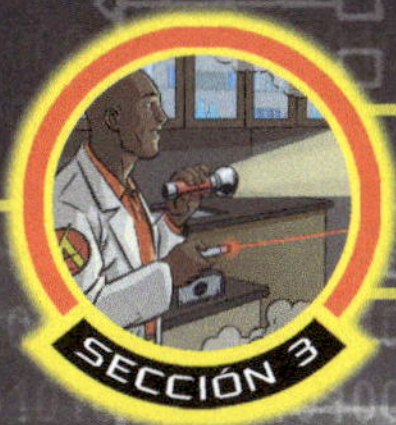

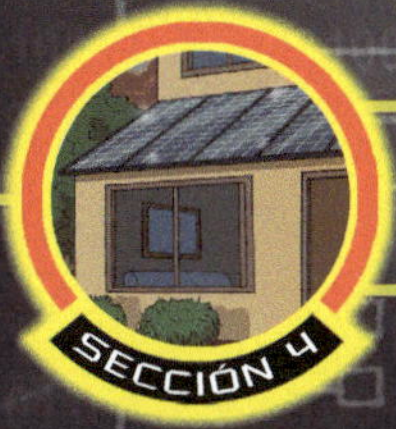

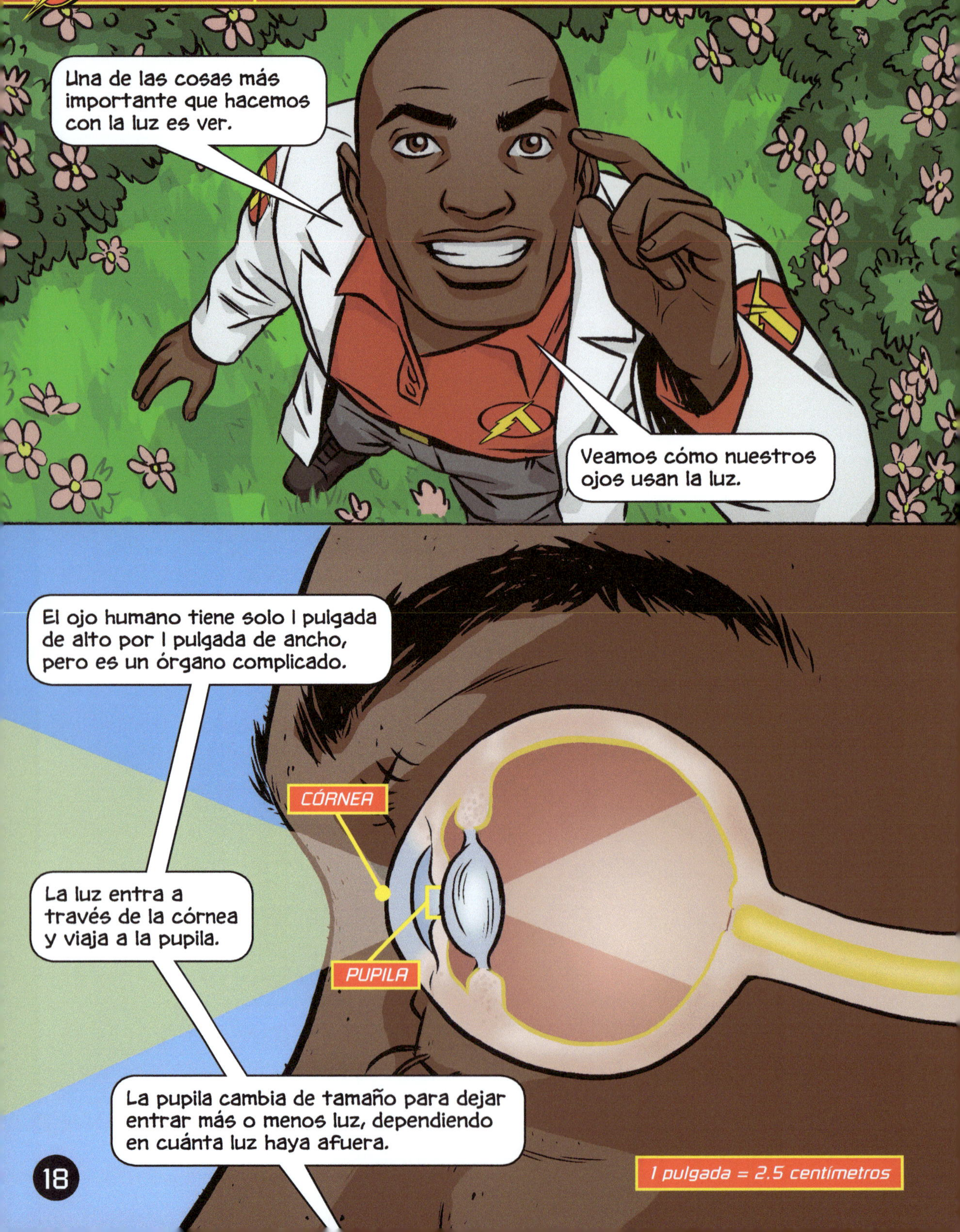
Tabla de Contenidos

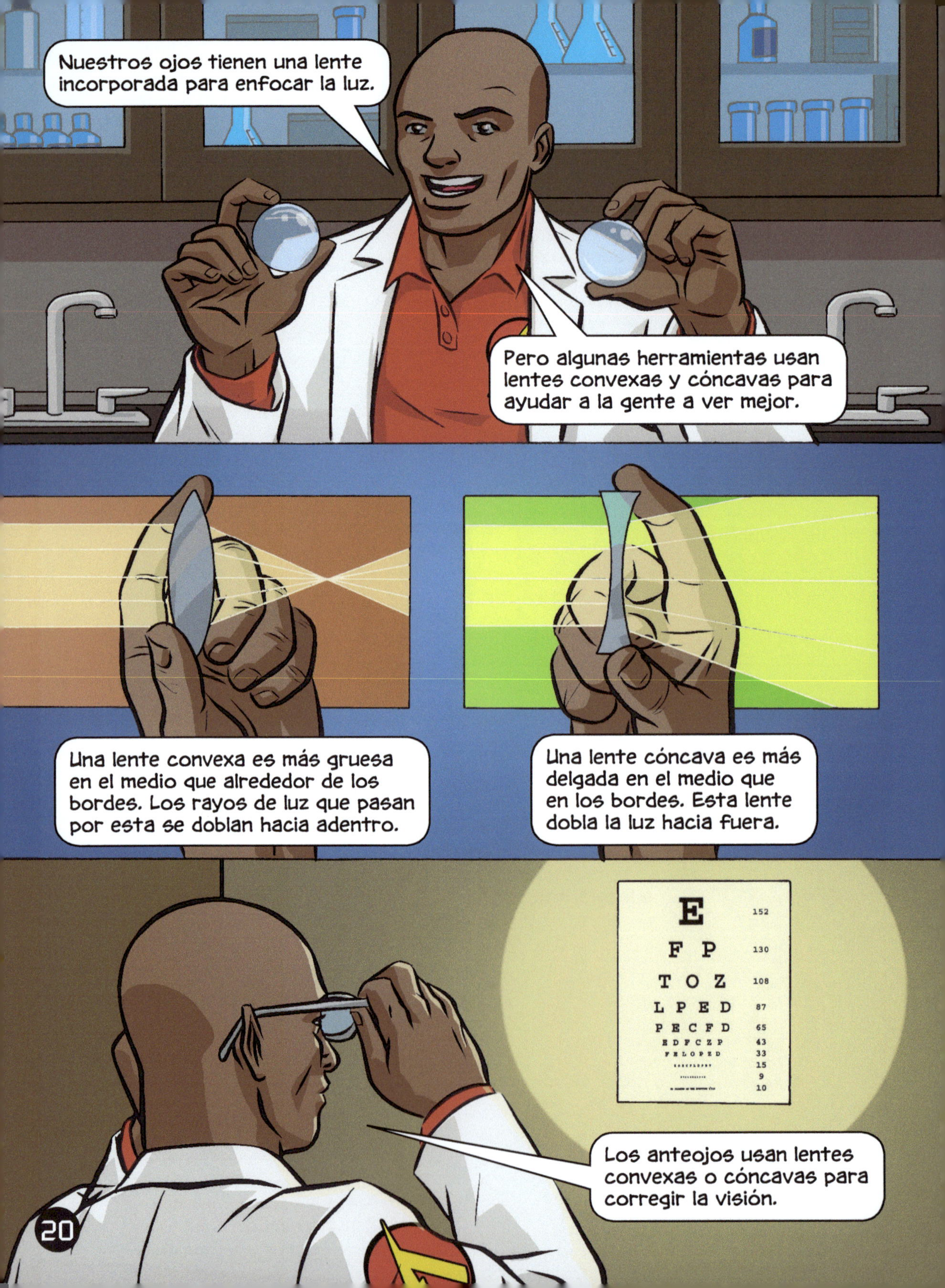
Nuestros ojos tienen una lente incorporada para enfocar la luz.
Pero algunas herramientas usan lentes convexas y cóncavas para ayudar a la gente a ver mejor.
Una lente convexa es más gruesa en el medio que alrededor de los bordes. Los rayos de luz que pasan por esta se doblan hacia adentro.
Una lente cóncava es más delgada en el medio que en los bordes. Esta lente dobla la luz hacia fuera.
E 152
F P 130
T O Z 108
L P E D 87
P E C F D 65
43
33
15
9
10
Los anteojos usan lentes convexas o cóncavas para corregir la visión.

SECCIÓN 4 CONVERSIÓN DE ENERGÍA

SECCIÓN 2

LO QUE LA LUZ PUEDE HACER

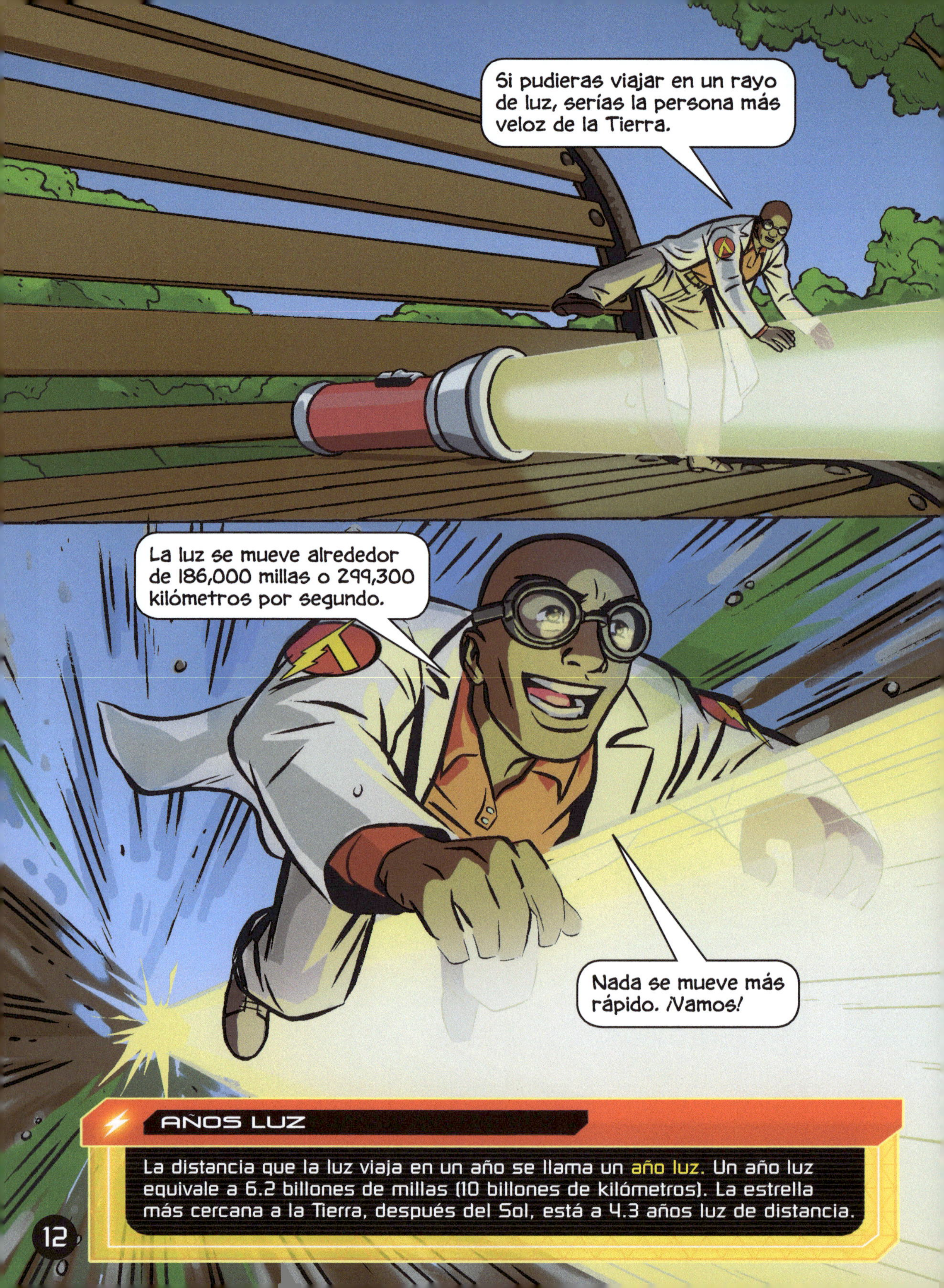

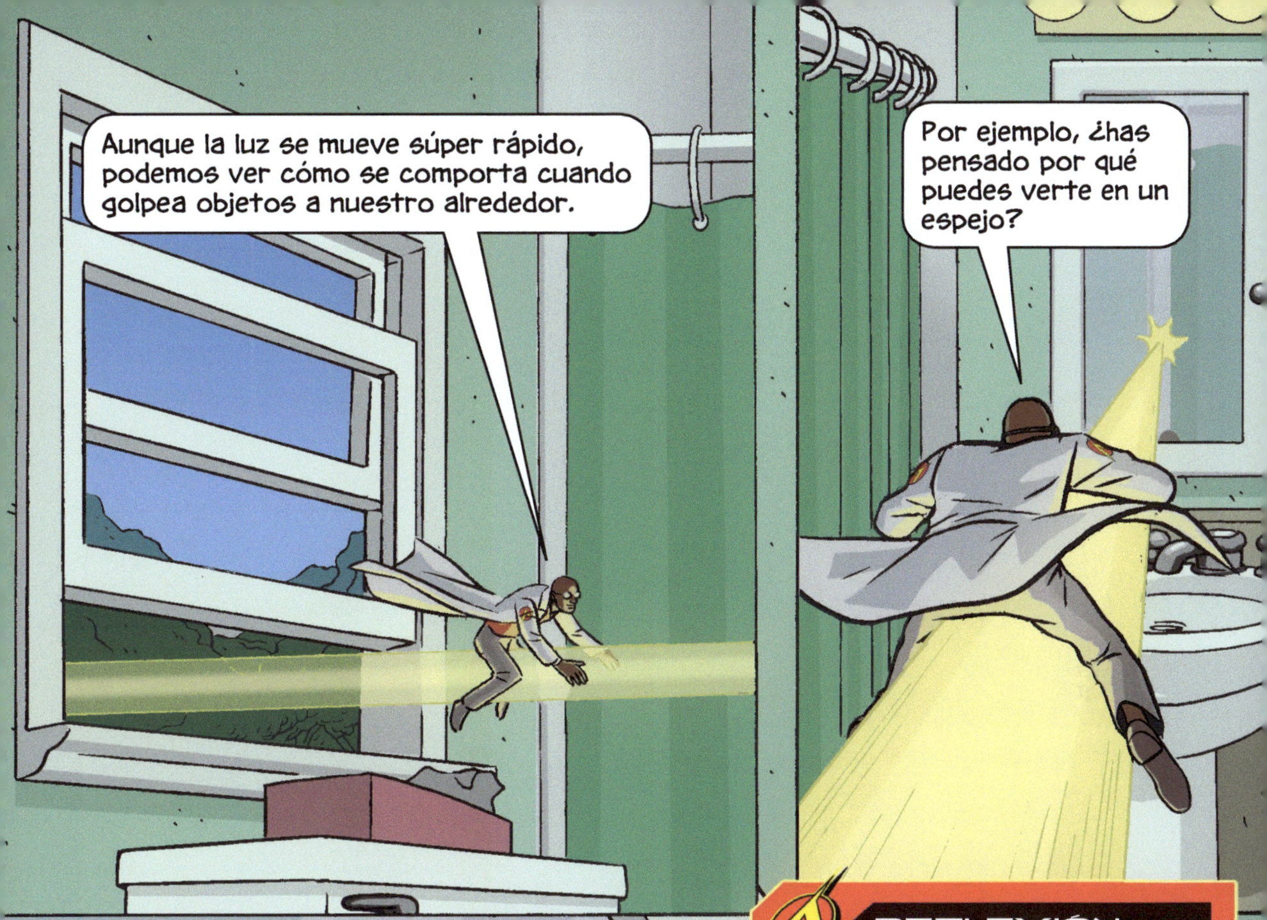

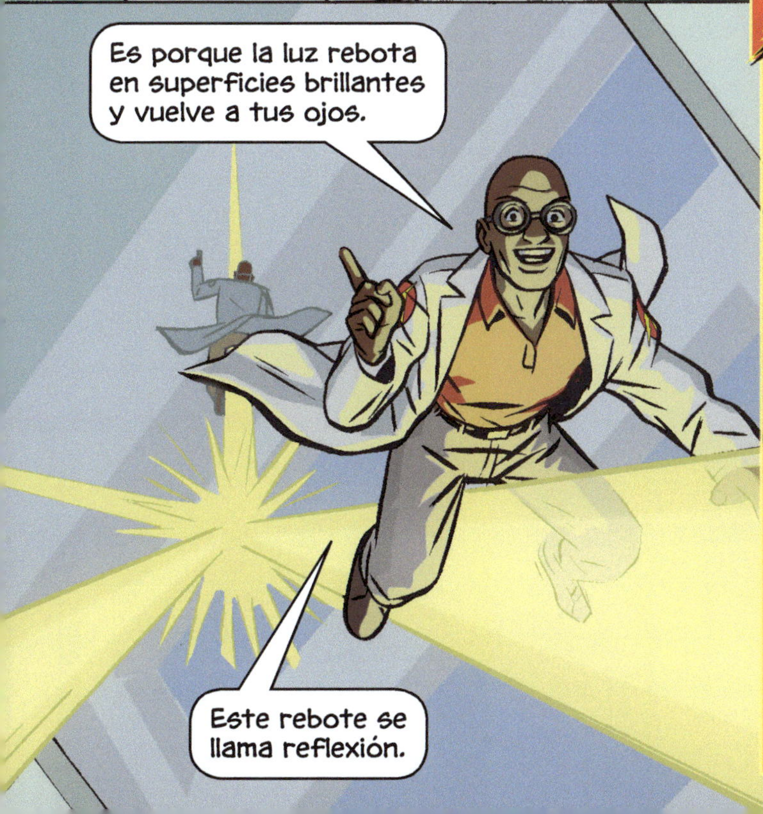

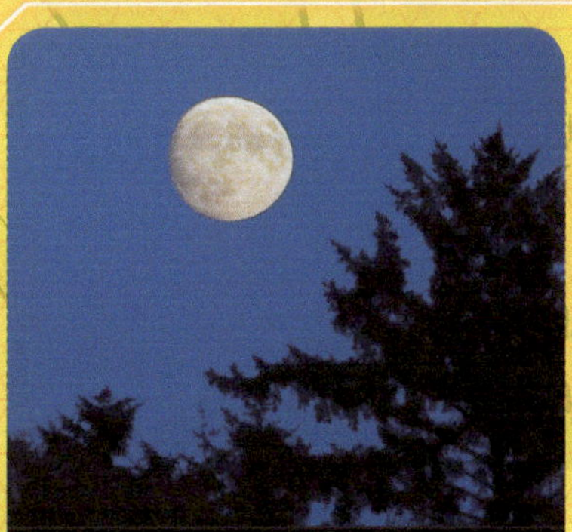

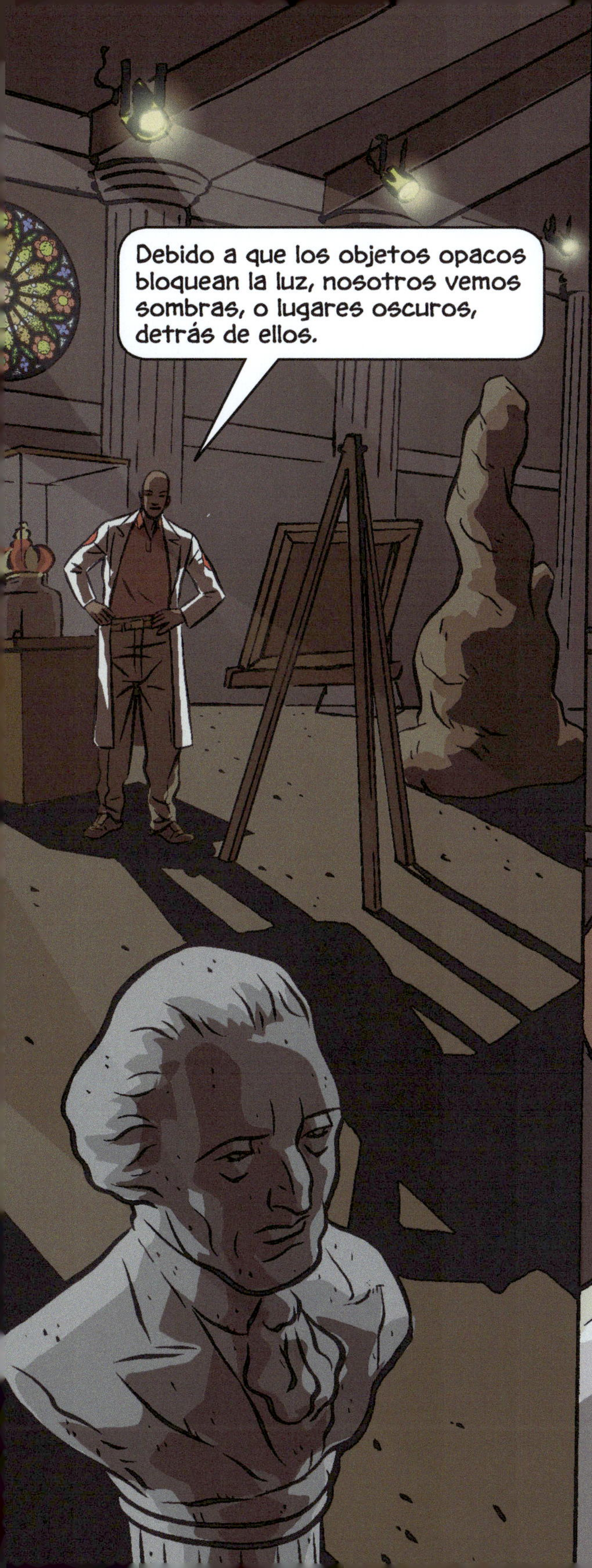
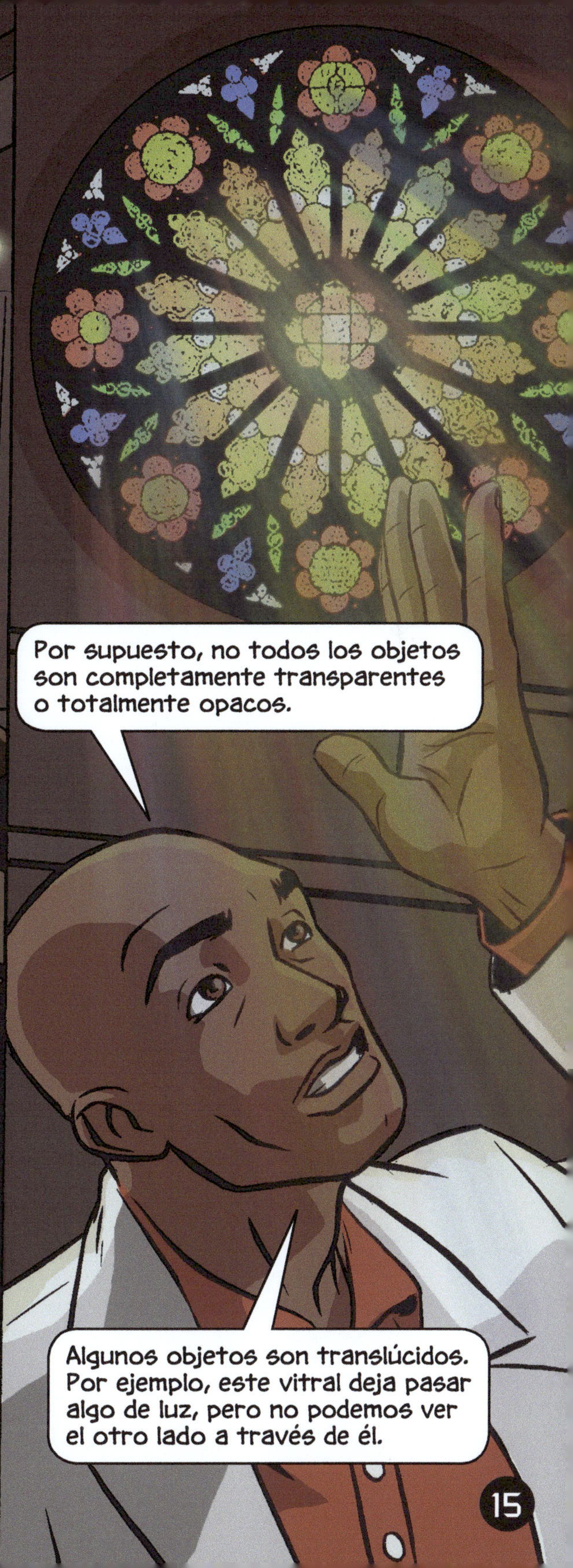
TABLA DE CONTENIDOS

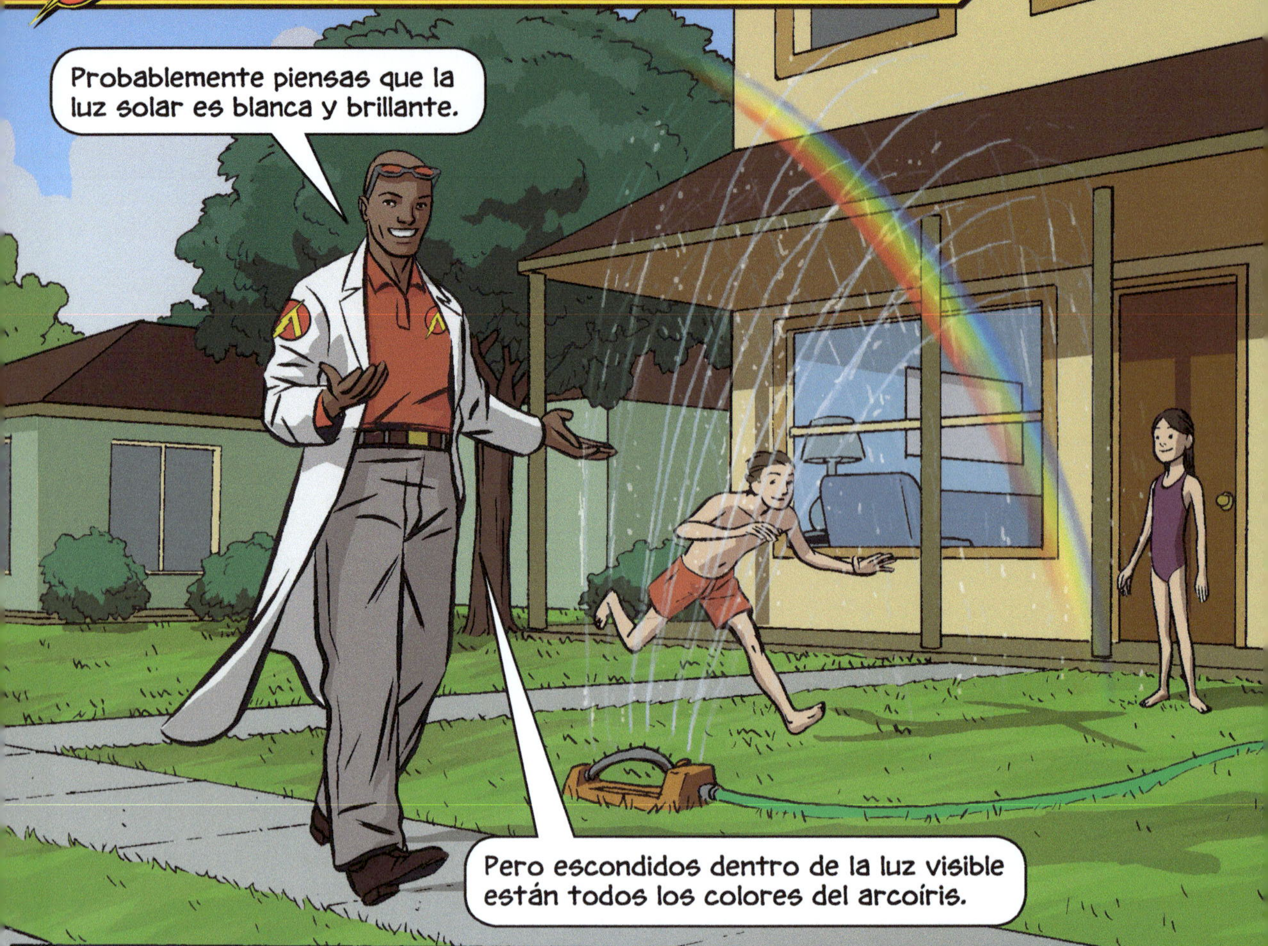
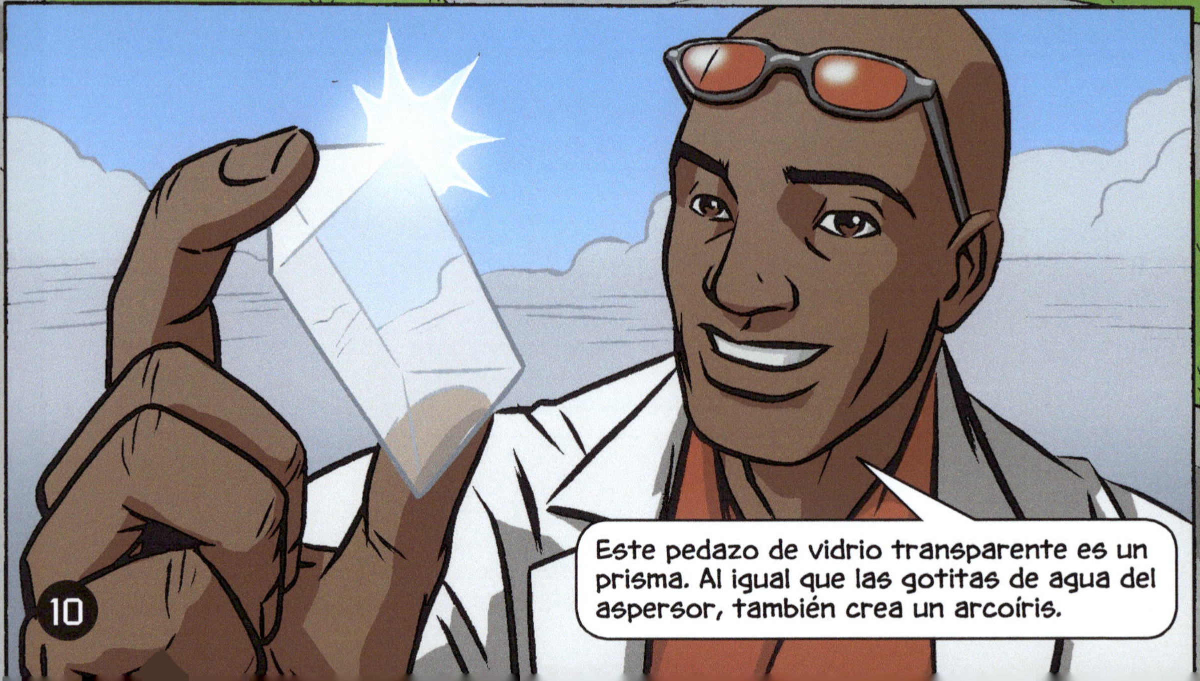
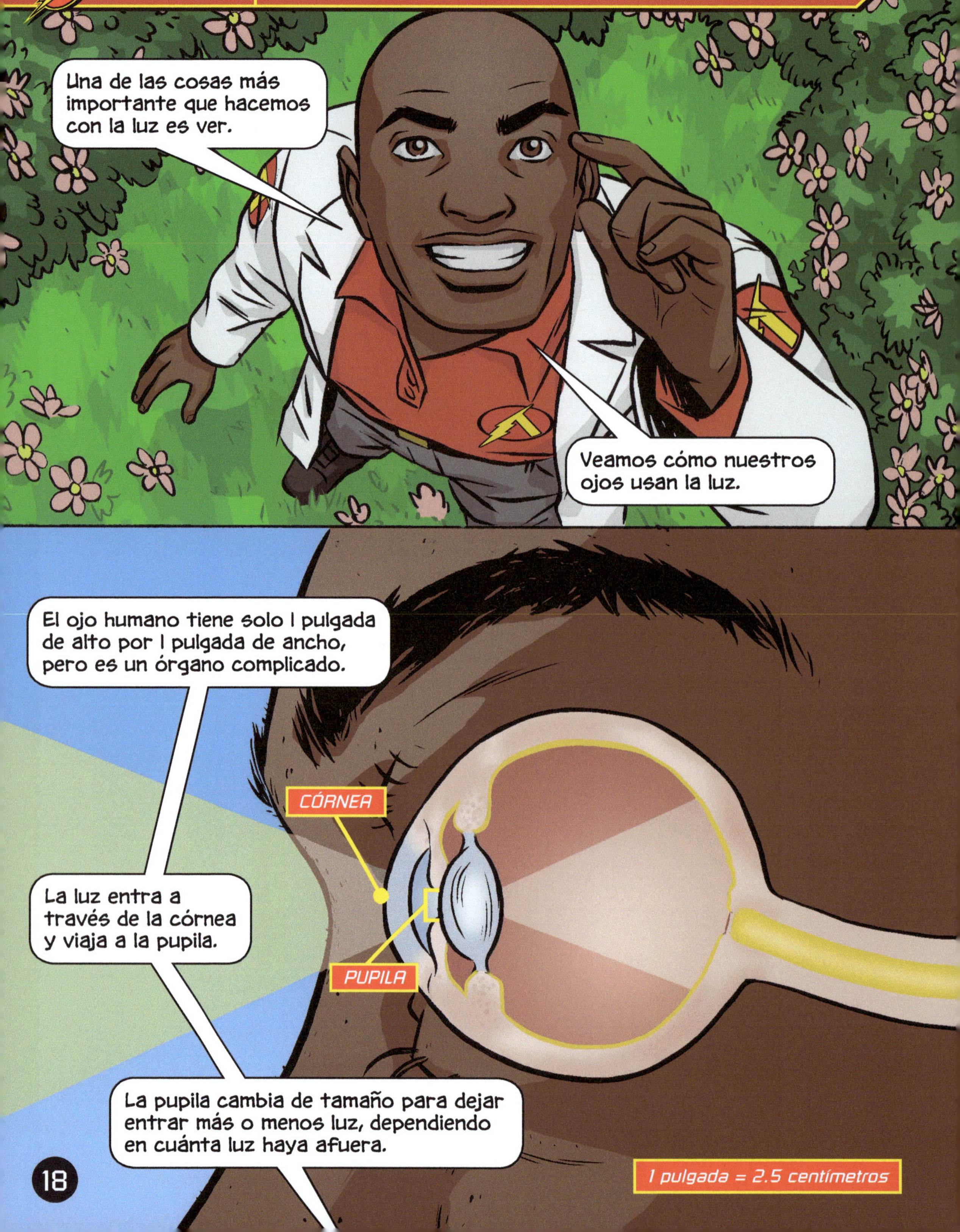
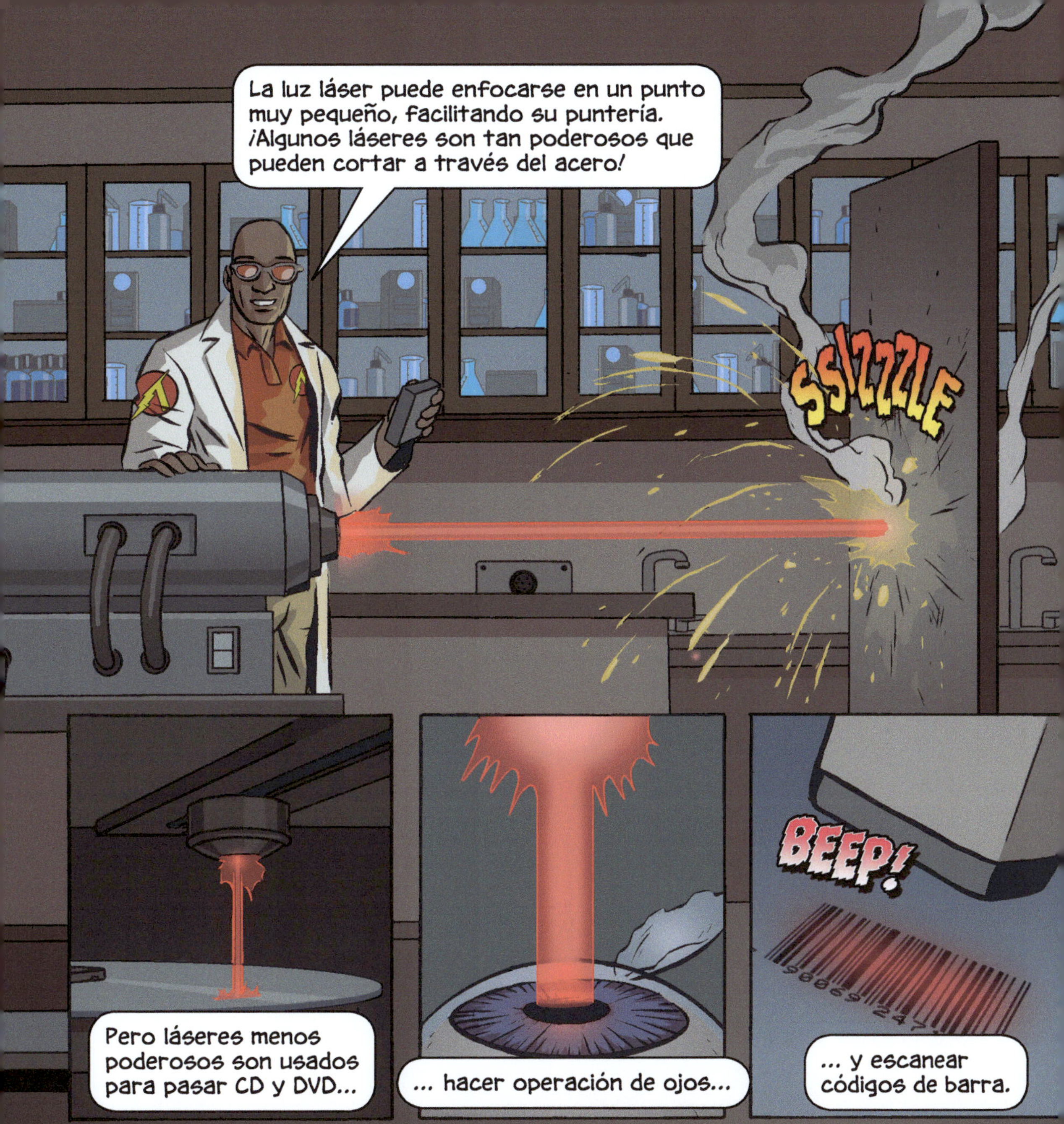

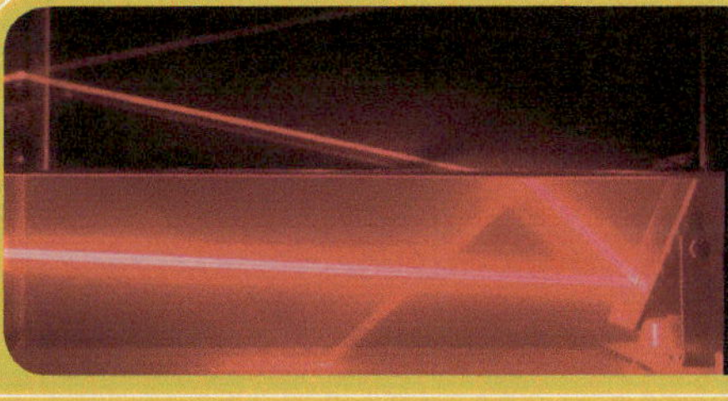

ÍNDICE

Graphic Library en español

CIENCIA GRÁFICA

El iluminante mundo de la LUZ con Max Axiom Supercientífico

por Emily Sohn

ilustrado por Nick Derington

Consultora:
Leslie Flynn, PhD
Educación Científica, Química
University of Minnesota

CAPSTONE PRESS
a capstone imprint

Graphic Library is published by Capstone Press,
1710 Roe Crest Drive, North Mankato, Minnesota 56003
www.capstonepub.com

Library of Congress Cataloging-in-Publication Data
Sohn, Emily.
[Illuminating world of light with Max Axiom, super scientist. Spanish]
El iluminante mundo de la luz con Max Axiom, supercientífico / por Emily Sohn ; ilustrado por Nick Derington ; consultora, Leslie Flynn, PhD, educación científica, química, Universidad de Minnesota.
pages cm.—(Capstone press, graphic library en espanol. Ciencia gráfica)
Includes index.
ISBN 978-1-62065-182-7 (library binding)
ISBN 978-1-62065-975-5 (paperback)
ISBN 978-1-4765-1620-2 (ebook PDF)
1. Light—Comic books, strips, etc.—Juvenile literature. I. Derington, Nick, illustrator. II. Title.
QC360.S64518 2013
535—dc23 2012019957

Summary: In graphic novel format, follows the adventures of Max Axiom as he explains the science behind light—in Spanish

Art Director and Designer
Bob Lentz

Cover Artist
Tod Smith

Spanish Book Designer
Eric Manske

Editor
Christopher L. Harbo

Translation Services
Strictly Spanish

Production Specialist
Laura Manthe

Photo illustration credits: iStockphoto, 23; Shutterstock/Jo-Hanna Wienert, 13

Printed in the United States 6292

TABLA DE CONTENIDOS

SECCIÓN 1
VEO LA LUZ
Con un repentino fucilazo de relámpago, el supercientífico Max Axiom empieza una aventura sobre la luz.
¡CRAC!
¿Qué fue eso?
Tranquilo, Spark. Son unos pocos truenos y relámpagos de la tormenta que pasa.
QUEJIDO...QUEJIDO...
En realidad, Spark, si pudieras entender cómo funciona la luz, cosas como el relámpago no serían tan aterrorizantes.

La luz es un tema importante.
¿Puedes imaginarte la vida sin luz?
La Tierra no tendría noche o día.
Y los arcoíris no se arquearían en el cielo.
La luz es un concepto científico muy importante.
Es hora de observar más de cerca.

La luz es un tipo de energía. De hecho, la luz solar es nuestra principal fuente de energía en la Tierra.
¿No me crees? Mira una típica cadena alimentaria.
Las plantas usan la luz solar para producir alimentos en un proceso llamado fotosíntesis.
Este alimento permite que las plantas crezcan. Las plantas luego proveen alimentos para los animales.
En retorno, estos animales comedores de plantas son una fuente de alimento para los animales comedores de carne.
Como puedes ver, toda la vida en la Tierra depende de la luz solar, incluso nosotros.
Vamos a ver cómo el Sol produce esta energía.

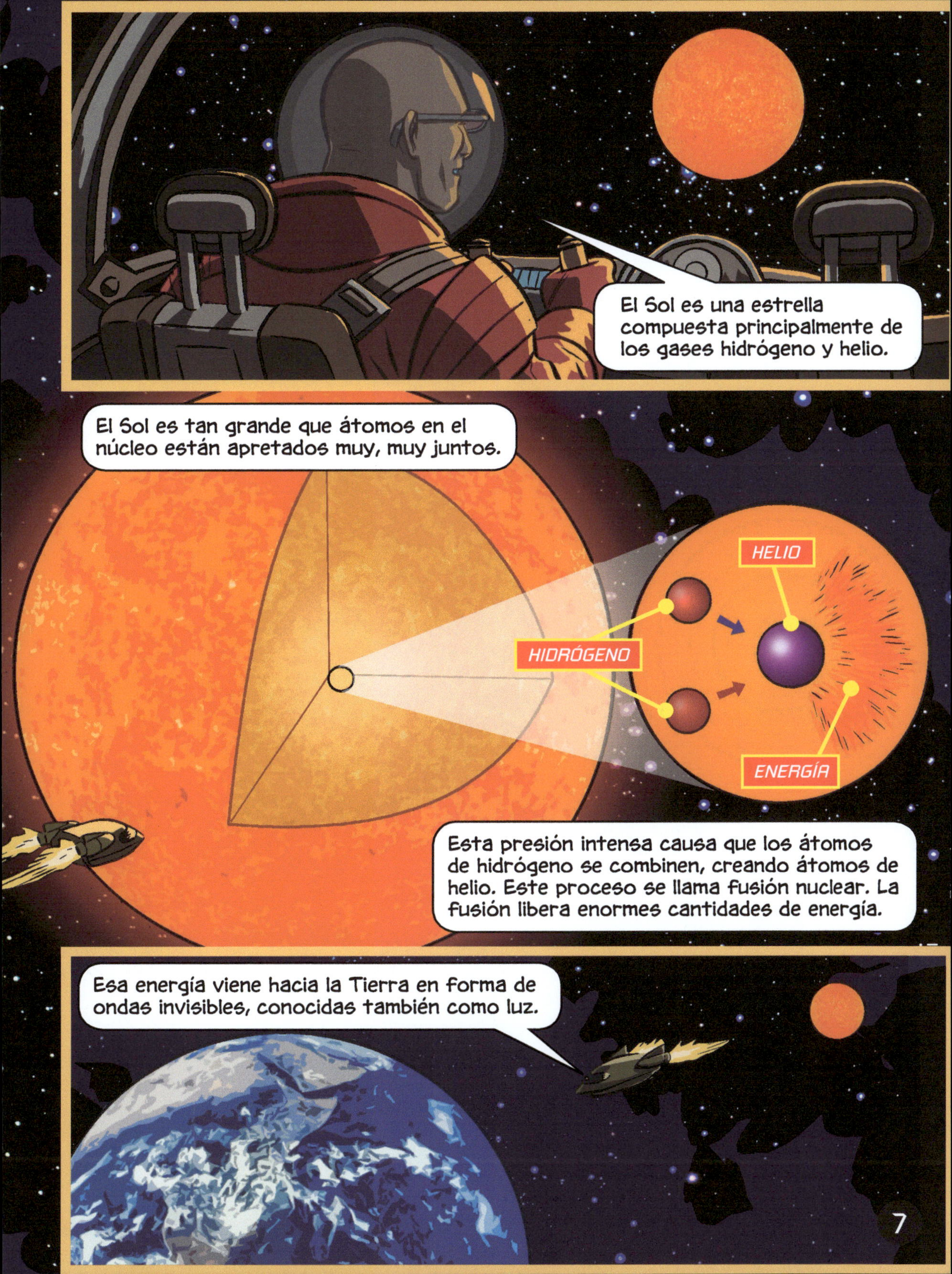
El Sol es una estrella compuesta principalmente de los gases hidrógeno y helio.
El Sol es tan grande que átomos en el núcleo están apretados muy, muy juntos.
HELIO
HIDRÓGENO
ENERGÍA
Esta presión intensa causa que los átomos de hidrógeno se combinen, creando átomos de helio. Este proceso se llama fusión nuclear. La fusión libera enormes cantidades de energía.
Esa energía viene hacia la Tierra en forma de ondas invisibles, conocidas también como luz.

Las ondas de energía que viajan a través del espacio desde el Sol son similares a las ondas que se mueven a través del agua.
Las llamamos longitud de onda.
Nosotros medimos las longitudes de onda por la distancia entre dos picos de onda.
LONGITUD DE ONDA
LONGITUD DE ONDA
Las longitudes de onda más pequeñas se mueven más rápido y llevan más energía que las más grandes.
La luz solar incluye longitudes de onda que son muy pequeñas, muy grandes y todas las demás entre medio.
Como las ondas de agua, las ondas de luz con longitudes de onda cortas tienen más energía que las ondas con longitudes de onda largas.

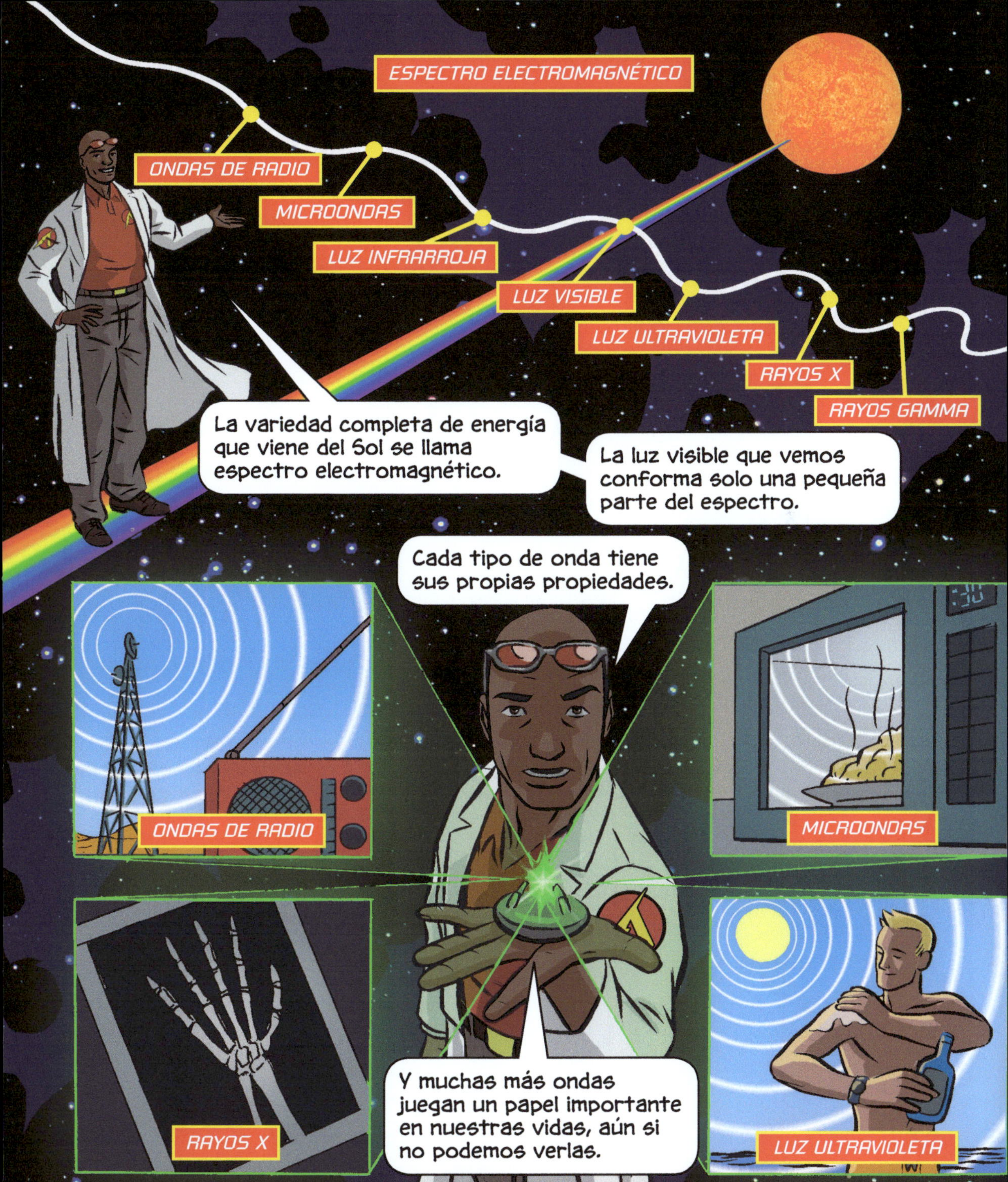

LUZ INFRARROJA

Todo lo que libera calor da luz infrarroja. Las fuerzas armadas usan cámaras infrarrojas para "ver" gente y otros objetos durante misiones nocturnas. Las cámaras ayudan a los soldados a ver en total oscuridad porque las cámaras pueden detectar luz infrarroja.

Probablemente piensas que la luz solar es blanca y brillante.
Pero escondidos dentro de la luz visible están todos los colores del arcoíris.
Este pedazo de vidrio transparente es un prisma. Al igual que las gotitas de agua del aspersor, también crea un arcoíris.

Cuando la luz pasa a través del prisma se dobla y se separa. El prisma nos muestra los colores del arcoíris que forman la luz blanca.
En el espectro electromagnético, rojo, naranja, amarillo, verde, azul, índigo y violeta se alinean de acuerdo a la longitud de sus ondas.
El rojo tiene la longitud de onda más larga como puedes ver. El violeta tiene la longitud de onda más corta.
RNAVAIV
La luz tiene también otras interesantes propiedades.
¿Quieres saber más? ¡Vayamos de viaje!

AÑOS LUZ

La distancia que la luz viaja en un año se llama un año luz. Un año luz equivale a 6.2 billones de millas (10 billones de kilómetros). La estrella más cercana a la Tierra, después del Sol, está a 4.3 años luz de distancia.

Aunque la luz se mueve súper rápido, podemos ver cómo se comporta cuando golpea objetos a nuestro alrededor.
Por ejemplo, ¿has pensado por qué puedes verte en un espejo?
Es porque la luz rebota en superficies brillantes y vuelve a tus ojos.
Este rebote se llama reflexión.
REFLEXIÓN
La luz se refleja en más que espejos. Todo lo que ves refleja algo de luz. Por ejemplo, puedes ver la Luna porque la luz solar se refleja en su superficie y en tus ojos.

La luz interactúa con diferentes objetos en diferentes maneras.
MUSEO ESTATAL DE HISTORIA Y ARTE
El vidrio claro es transparente.
La luz pasa a través de objetos transparentes, permitiéndonos ver el otro lado a través de ellos.
Pero los objetos como esta pintura son opacos.
La luz no puede pasar a través de objetos opacos. Por esta razón, no podemos ver el otro lado a través de ellos.

Debido a que los objetos opacos bloquean la luz, nosotros vemos sombras, o lugares oscuros, detrás de ellos.
Por supuesto, no todos los objetos son completamente transparentes o totalmente opacos.
Algunos objetos son translúcidos. Por ejemplo, este vitral deja pasar algo de luz, pero no podemos ver el otro lado a través de él.

¡Mira, Mamá! Es Max Axiom. Visitó mi clase de ciencias la semana pasada.
Me alegra verte de nuevo, Carla. ¿Podría pedir prestado una de tus bebidas por un momento?
Seguro. ¿Por qué?
Porque es el ejemplo perfecto de refracción de luz.
¿Has notado alguna vez que los objetos se ven distorsionados cuando los sumerges en un vaso de agua?
¡Tienes razón!
¡Pareciera que el sorbete estuviese roto!
Pero sabes que no es así. Es una ilusión óptica.

Nuestra habilidad de ver el sorbete depende de la luz que se refleja de ella y a nuestros ojos.
Pero cuando la luz pasa a través de materiales transparentes, como el agua y el vidrio, cambia de velocidad y se dobla.
La luz que proviene de la mitad inferior del sorbete pasa a través del agua y del vidrio.
Los dos materiales transparentes doblan, o refractan, tanto la luz que el sorbete pareciera roto.
Cuando retiro el sorbete, vemos que estaba entero en todo momento.
¡Genial!
Yo no sabía que la luz podía doblarse.

Una de las cosas más importante que hacemos con la luz es ver.
Veamos cómo nuestros ojos usan la luz.

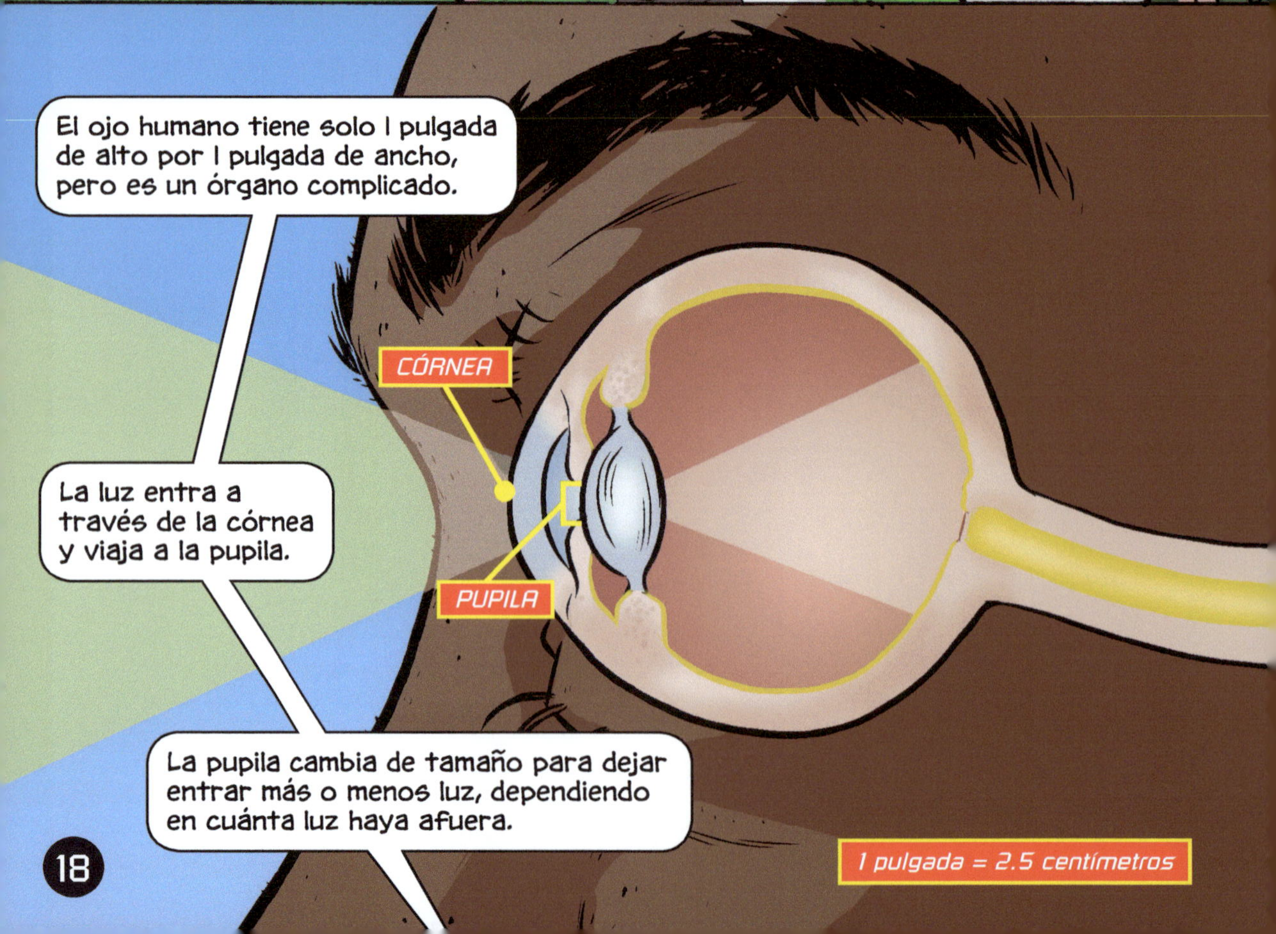
El ojo humano tiene solo 1 pulgada de alto por 1 pulgada de ancho, pero es un órgano complicado.
CÓRNEA
La luz entra a través de la córnea y viaja a la pupila.
PUPILA
La pupila cambia de tamaño para dejar entrar más o menos luz, dependiendo en cuánta luz haya afuera.
1 pulgada = 2.5 centímetros

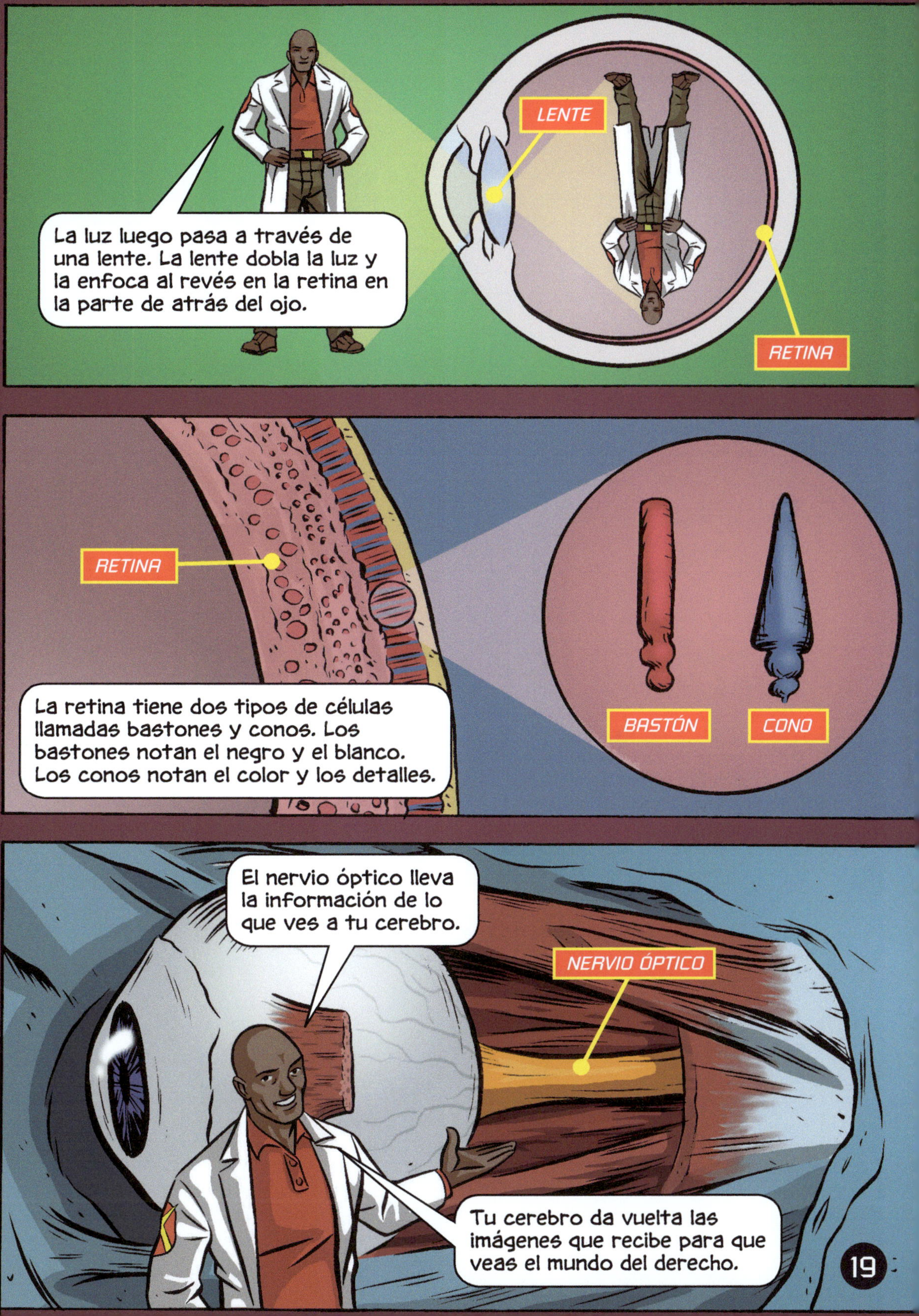
La luz luego pasa a través de una lente. La lente dobla la luz y la enfoca al revés en la retina en la parte de atrás del ojo.
LENTE
RETINA
RETINA
La retina tiene dos tipos de células llamadas bastones y conos. Los bastones notan el negro y el blanco. Los conos notan el color y los detalles.
BASTÓN
CONO
El nervio óptico lleva la información de lo que ves a tu cerebro.
NERVIO ÓPTICO
Tu cerebro da vuelta las imágenes que recibe para que veas el mundo del derecho.

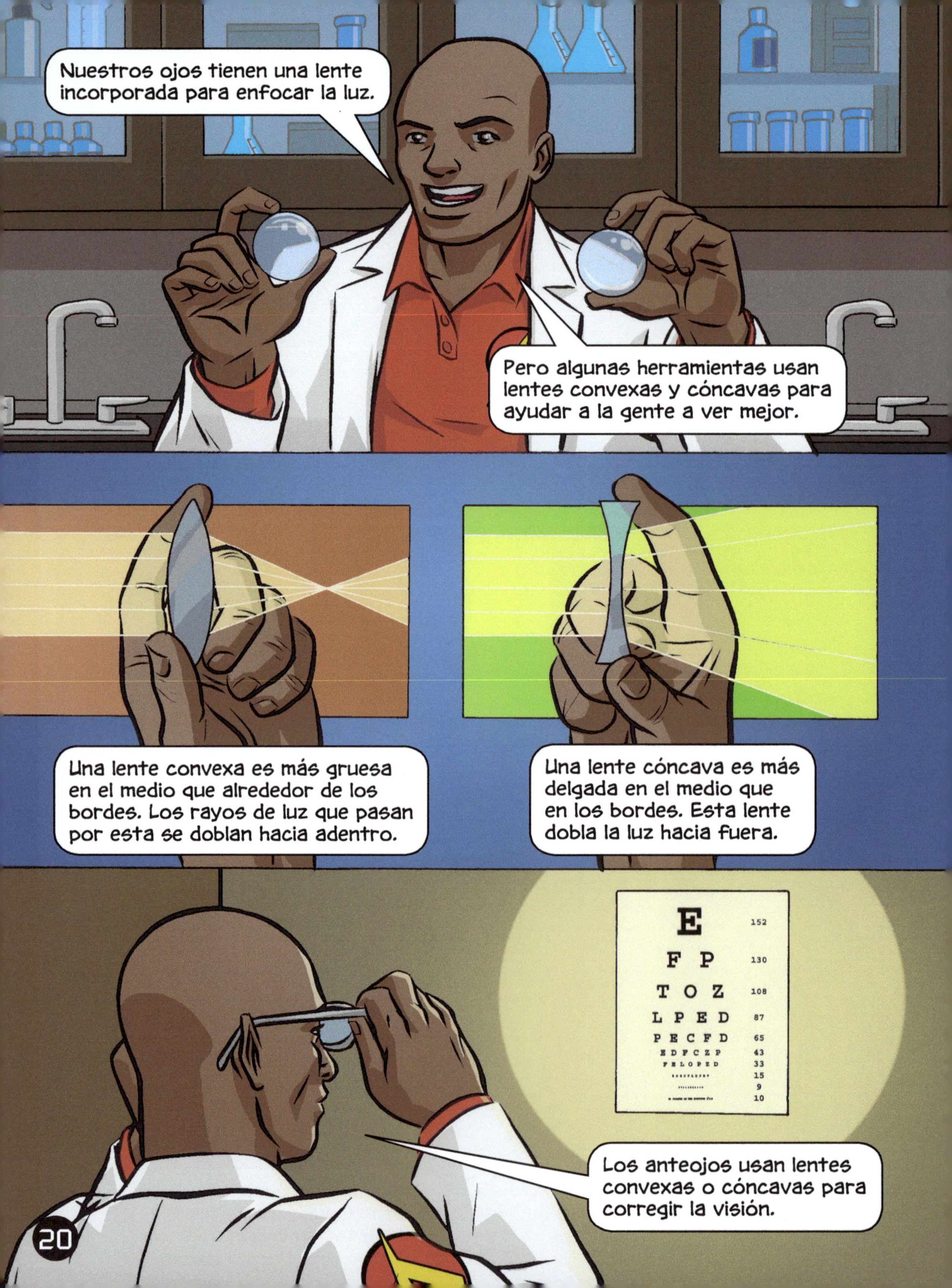
Nuestros ojos tienen una lente incorporada para enfocar la luz.
Pero algunas herramientas usan lentes convexas y cóncavas para ayudar a la gente a ver mejor.
Una lente convexa es más gruesa en el medio que alrededor de los bordes. Los rayos de luz que pasan por esta se doblan hacia adentro.
Una lente cóncava es más delgada en el medio que en los bordes. Esta lente dobla la luz hacia fuera.
E 152
F P 130
T O Z 108
L P E D 87
P E C F D 65
Los anteojos usan lentes convexas o cóncavas para corregir la visión.

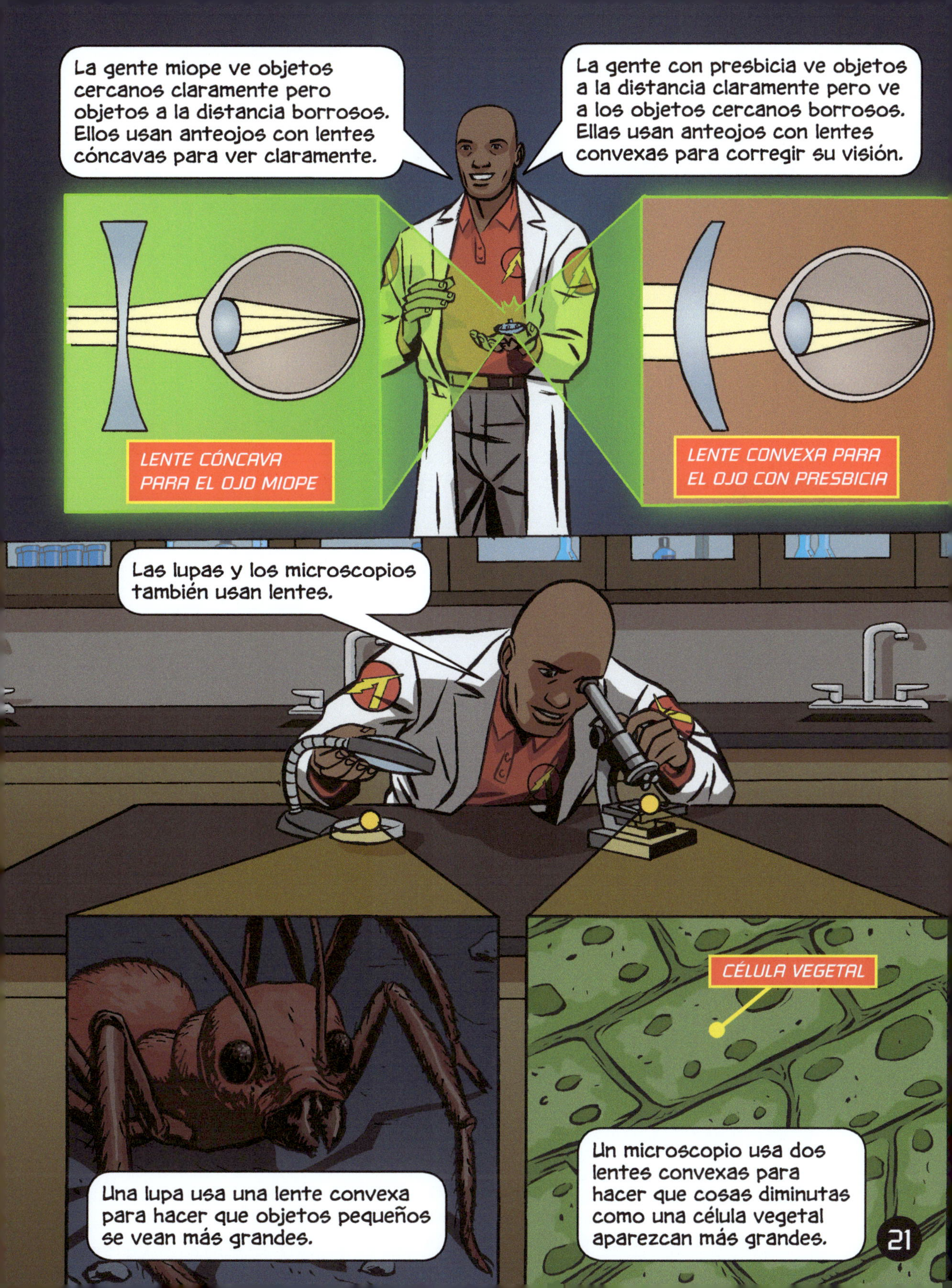
La gente miope ve objetos cercanos claramente pero objetos a la distancia borrosos. Ellos usan anteojos con lentes cóncavas para ver claramente.
La gente con presbicia ve objetos a la distancia claramente pero ve a los objetos cercanos borrosos. Ellas usan anteojos con lentes convexas para corregir su visión.
LENTE CÓNCAVA PARA EL OJO MIOPE
LENTE CONVEXA PARA EL OJO CON PRESBICIA
Las lupas y los microscopios también usan lentes.
CÉLULA VEGETAL
Una lupa usa una lente convexa para hacer que objetos pequeños se vean más grandes.
Un microscopio usa dos lentes convexas para hacer que cosas diminutas como una célula vegetal aparezcan más grandes.

Por supuesto, ningún estudio de la luz está completo sin mencionar la amplificación de la luz por emisión de radiación estimulada.
Luz
Amplificada por
EmiSión
Estimulada de
Radiación
O LÁSER, para abreviar.
Un poco de niebla en el aire mostrará la diferencia entre la luz láser y la luz de una linterna.
Mira cómo la luz de una linterna se esparce mientras que la luz láser forma un rayo delgado.
La luz de la linterna produce luz blanca, la cual, como la luz solar, está formada por todos los colores del arcoíris.
Pero el láser produce solo una longitud de onda de luz que se mueve en una dirección.

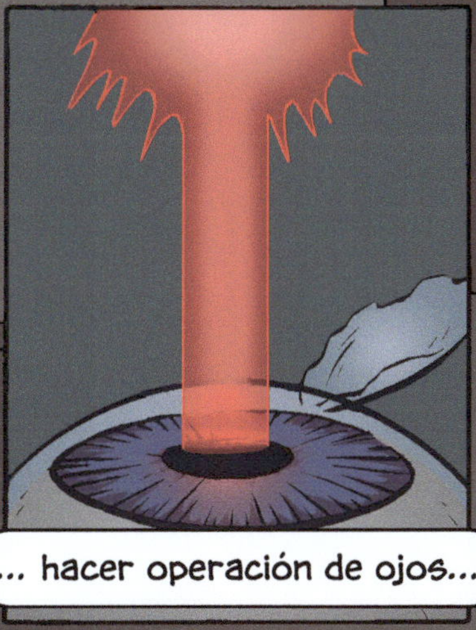

MÁS SOBRE LÁSERES

ACCESO AUTORIZADO: MAX AXIOM

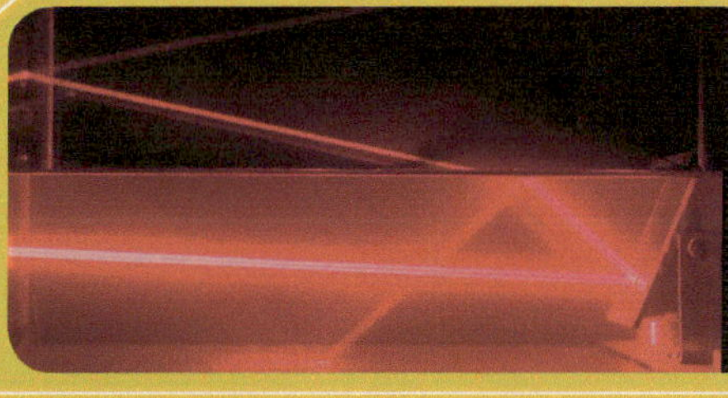

Los láseres usan espejos para rebotar la luz una y otra vez hasta que toda se mueve en una dirección enfocada. Estos tipos de átomos dentro de un láser determinan qué longitud de onda saldrá. El láser de rubí da luz roja. El láser de dióxido de carbono da luz infrarroja que puede ser lo suficientemente caliente para cortar metal.

Yo tengo mucha energía cuando el sol está alto. Pero cuando el sol baja, mi energía también se desvanece.
¡Hola, Max!
Hola, chicos, ¿qué están haciendo?
¡Estamos usando el sol para hornear galletas!
Muy inteligentes. Ustedes están usando energía solar y convirtiéndola en calor.
¿De verdad?

La luz solar hace mucho más que permitirnos ver.
La luz solar, o energía solar, puede convertirse en calor; en suficiente calor para hornear galletas en un horno solar.
Gracias por las galletas.
¡Nos vemos, Max!
CÉLULAS SOLARES
La energía solar también puede convertirse en electricidad.
De hecho, algunos hogares recolectan energía con células solares.

¡Hola, Spark! Fue un día largo.
El Sol no es la única fuente de luz, por supuesto.
8:56 P
Estos días, pasamos la mayor parte de nuestro tiempo alrededor de bombillas de luz, relojes digitales, videojuegos y otros objetos resplandecientes.
Todos estos artículos usan electricidad.
Y la electricidad proviene de quemar carbón, de separar átomos en plantas de energía nuclear o de utilizar el viento, el agua y la luz solar.

Los dispositivos en nuestros hogares convierten electricidad otra vez en luz, calor y sonido.
Seguro que usé un montón de energía explorando la luz hoy.
Ahora estoy listo para un poco de oscuridad.

MÁS SOBRE LUZ

- La luz del Sol realiza el viaje a la Tierra en alrededor de 8 minutos y 18 segundos. Viajar la misma distancia en tu automóvil a velocidades de la autopista llevaría más de 170 años.
- La luz cambia de velocidad cuando pasa desde un material hasta otro. Cuando la luz pasa del aire al agua, reduce su velocidad alrededor de 139,800 millas (225,000 kilómetros) por segundo.
- El color de tu camiseta en un día soleado de verano puede hacer una gran diferencia en cuánto calor sientes. Los colores más oscuros absorben más luz que los colores claros. Para permanecer fresco, usa una camiseta blanca en días soleados porque refleja más la luz que una camiseta oscura.
- Solo el 10 por ciento de la energía usada por una bombilla regular de luz incandescente es cambiado a luz visible. El resto de la energía se desperdicia como calor.
- Los telescopios usan lentes o espejos para capturar pequeños pedacitos de luz que llegan a la Tierra desde estrellas, planetas o galaxias en el espacio. El telescopio espacial Hubble ha permitido ver galaxias a más de 12 mil millones de años luz de distancia.
- Los ojos humanos pueden sentir la luz solo dentro de las longitudes de onda visibles en el espectro electromagnético. Algunos animales ven el mundo de manera completamente diferente. Las serpientes de cascabel tienen fosas sensoriales que detectan la luz infrarroja. Las abejas ven la luz ultravioleta.

- Los arcoíris lunares son arcoíris que se forman a la noche. Estos arcoíris leves se forman cuando gotas de lluvia refractan la luz que se refleja de la Luna. Cuando la luz lunar refracta los cristales de hielo en la atmósfera, halos brillantes llamados perros lunares se forman alrededor de la Luna.

- La energía solar energiza a satélites y naves espaciales orbitando la Tierra. Los paneles solares gigantes de la Estación Espacial Internacional convierten la luz solar en electricidad, luz y calor para los astronautas que viven y trabajan en la nave espacial.

MÁS SOBRE

MAX AXIOM

SUPERCIENTÍFICO

Nombre real: Maxwell J. Axiom
Ciudad natal: Seattle, Washington
Estatura: 6' 1" Peso: 192 lbs
Ojos: Marrón Cabello: No tiene

Supercapacidades: Superinteligencia; capaz de encogerse al tamaño de un átomo; los anteojos le dan visión de rayos X; la bata de laboratorio le permite viajar a través del tiempo y el espacio.

Origen: Desde su nacimiento, Max Axiom parecía destinado a la grandeza. Su madre, una bióloga marina, le enseñó a su hijo sobre los misterios del mar. Su padre, un físico nuclear y guardabosques voluntario, le enseñó a Max sobre las maravillas de la Tierra y el cielo.

Un día durante una caminata en áreas silvestres, un rayo mega-cargado golpeó a Max con furia cegadora. Cuando se despertó, Max descubrió una nueva energía y se dispuso a aprender todo lo posible sobre la ciencia. Viajó por el planeta y obtuvo grados universitarios en cada aspecto del campo científico. Al volver, estaba listo para compartir su conocimiento y nueva identidad con el mundo. Se había transformado en Max Axiom, supercientífico.

GLOSARIO

el átomo—un elemento en su forma más pequeña

cóncavo—vacío y curvado, como el interior de un tazón

convexo—curvado hacia fuera, como la parte exterior de un balón

la energía—la habilidad de realizar trabajo, como mover cosas o dar calor o luz

la fusión—la unión de objetos causada por calor; el Sol crea su energía con el proceso de fusión

el láser—un rayo de luz de alta energía, delgado e intenso

la longitud de onda—las distancias entre dos picos de onda

la luz infrarroja—luz que produce calor; los humanos no pueden ver la luz infrarroja

la luz ultravioleta—una forma invisible de luz que puede causar quemaduras de sol

opaco—que bloquea la luz

la reflexión—cambio de dirección de la luz cuando rebota en una superficie

refractar—doblar la luz cuando pasa a través de una sustancia en un ángulo

translúcido—dejar pasar la luz, pero no transparente; el vidrio esmerilado y los vitrales son translúcidos

transparente—dejar pasar la luz

Sitios de Internet

FactHound brinda una forma segura y divertida de encontrar sitios de Internet relacionados con este libro. Todos los sitios en FactHound han sido investigados por nuestro personal.

Esto es todo lo que tienes que hacer:

Visita *www.facthound.com*

Ingresa este código: 9781620651827

ÍNDICE